Mi Primer Advenimiento Libro de Colorear

1 de diciembre

Ideas para usar este libro:

*Colorea una imagen o actividad todos los dias durante Adviento. Usa crayones, marcadores o lapices de colores.

Ángel

2 de diciembre

María y el Niño Jesús

3 de diciembre

José y el niño Jesús

4 de diciembre

Camello
Oveja

5 de diciembre

Bebe Jesus

6 de diciembre

Hombre sabio y regalo

7 de diciembre

Ángel

8 de diciembre

Coronas de los sabios

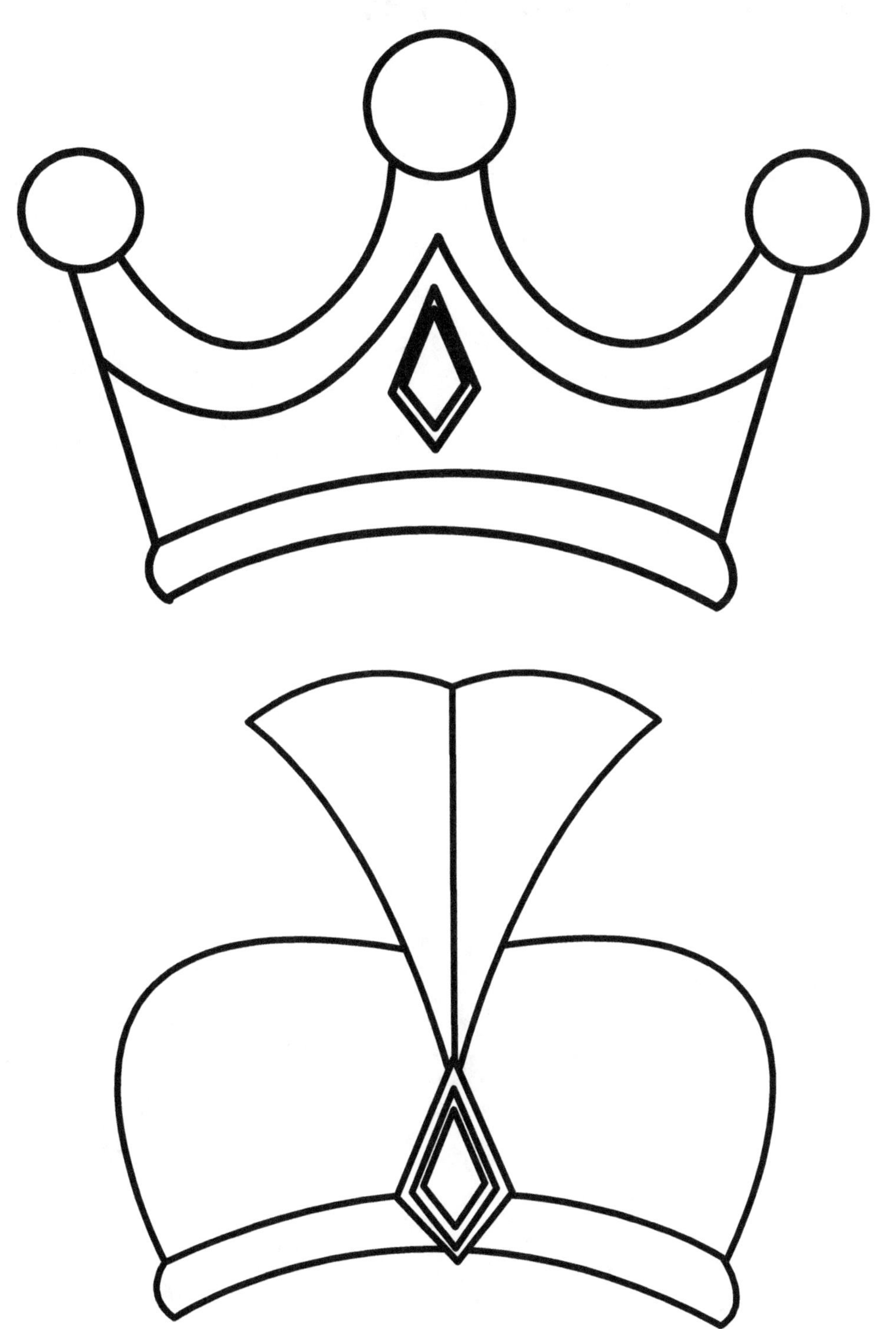

9 de diciembre

Pesebre

10 de diciembre

Burro

Buey

11 de diciembre

Hombre sabio y regalo

12 de diciembre

Usa la cuadrícula para dibujar la estrella.

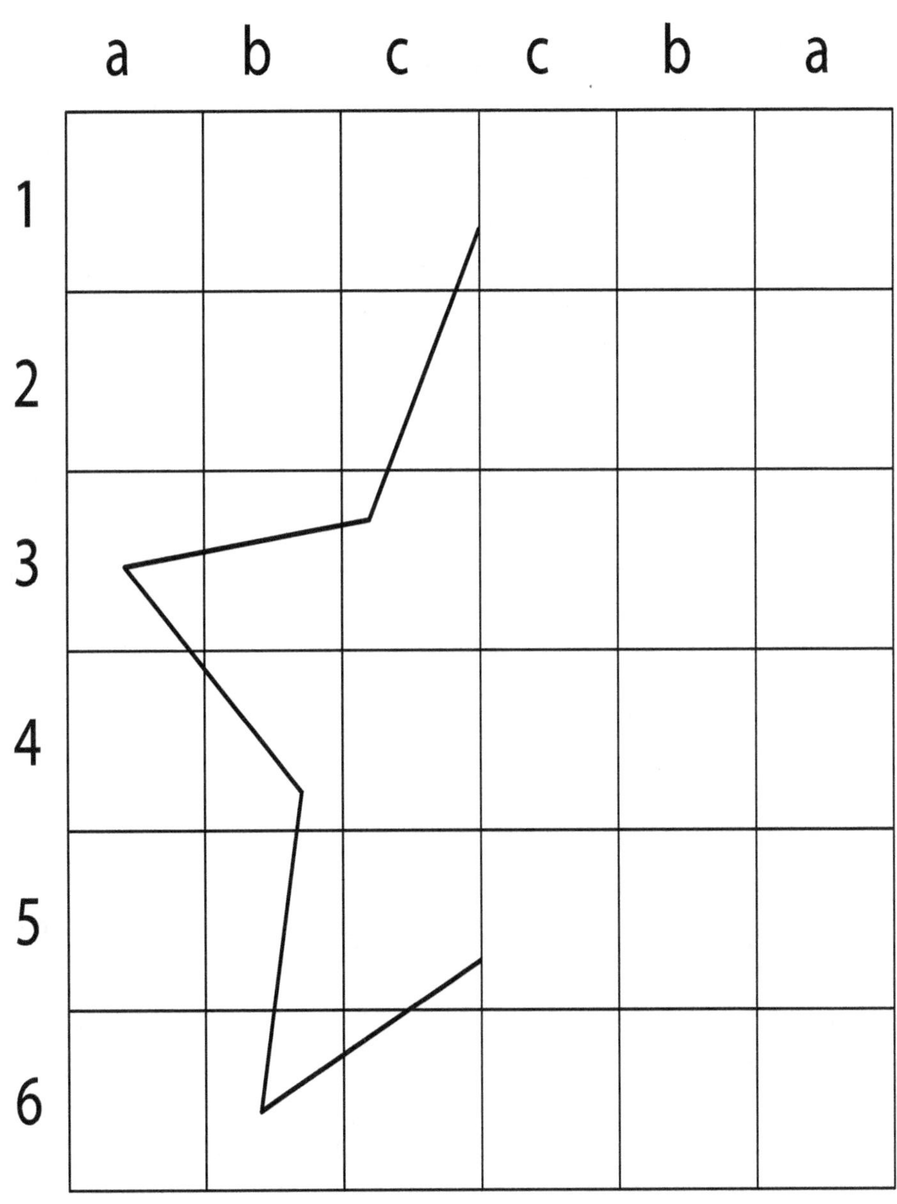

13 de diciembre

Conecta los puntos y colorea al niño cantando un villancico.

14 de diciembre

calcetín navideño

15 de diciembre

Decora el árbol de Navidad
y regalos.

16 de diciembre

Ángel

17 de diciembre

Reno

18 de diciembre

Bastones Candy

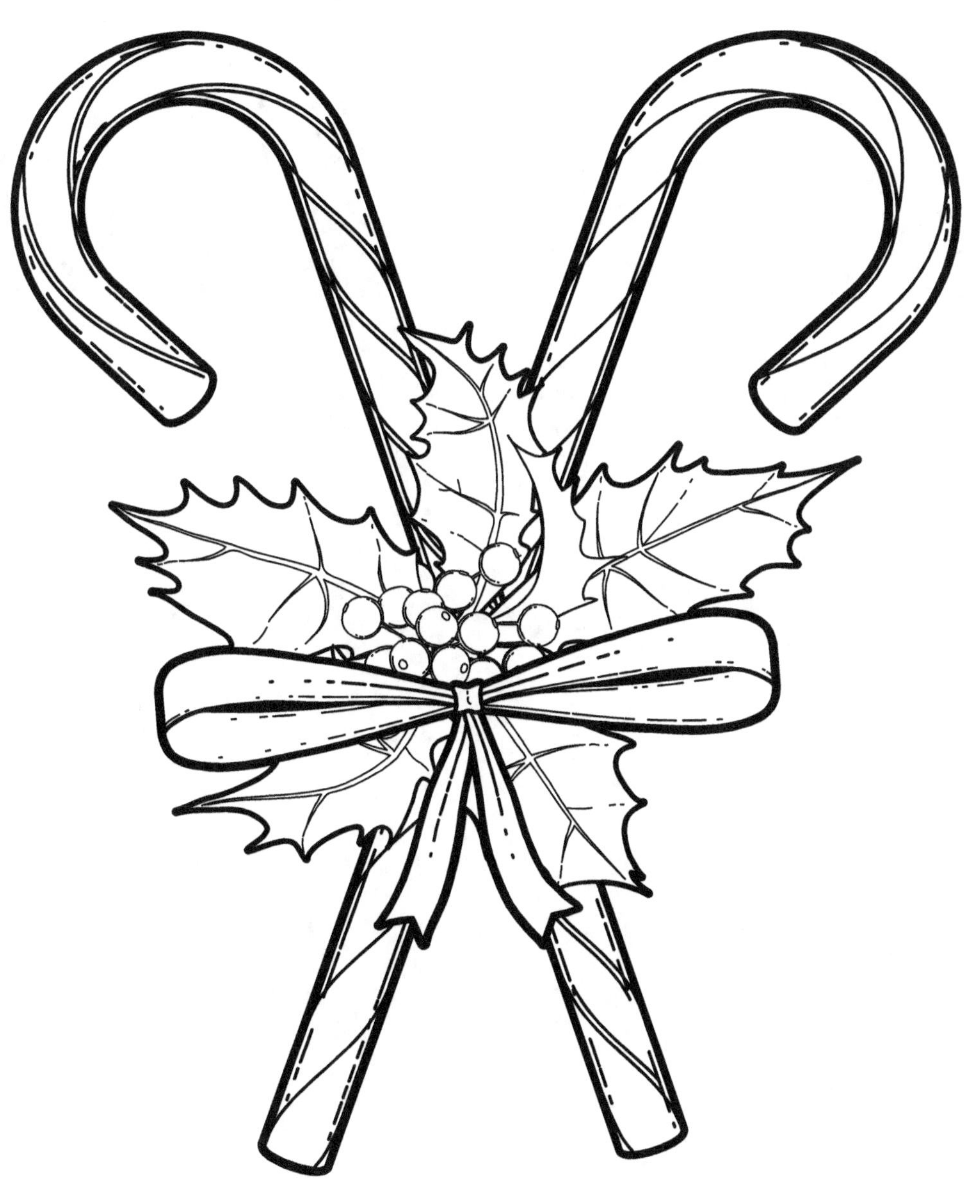

19 de diciembre

Aprende a dibujar un ángel.

20 de diciembre

Conecta los puntos y colorea la campana.

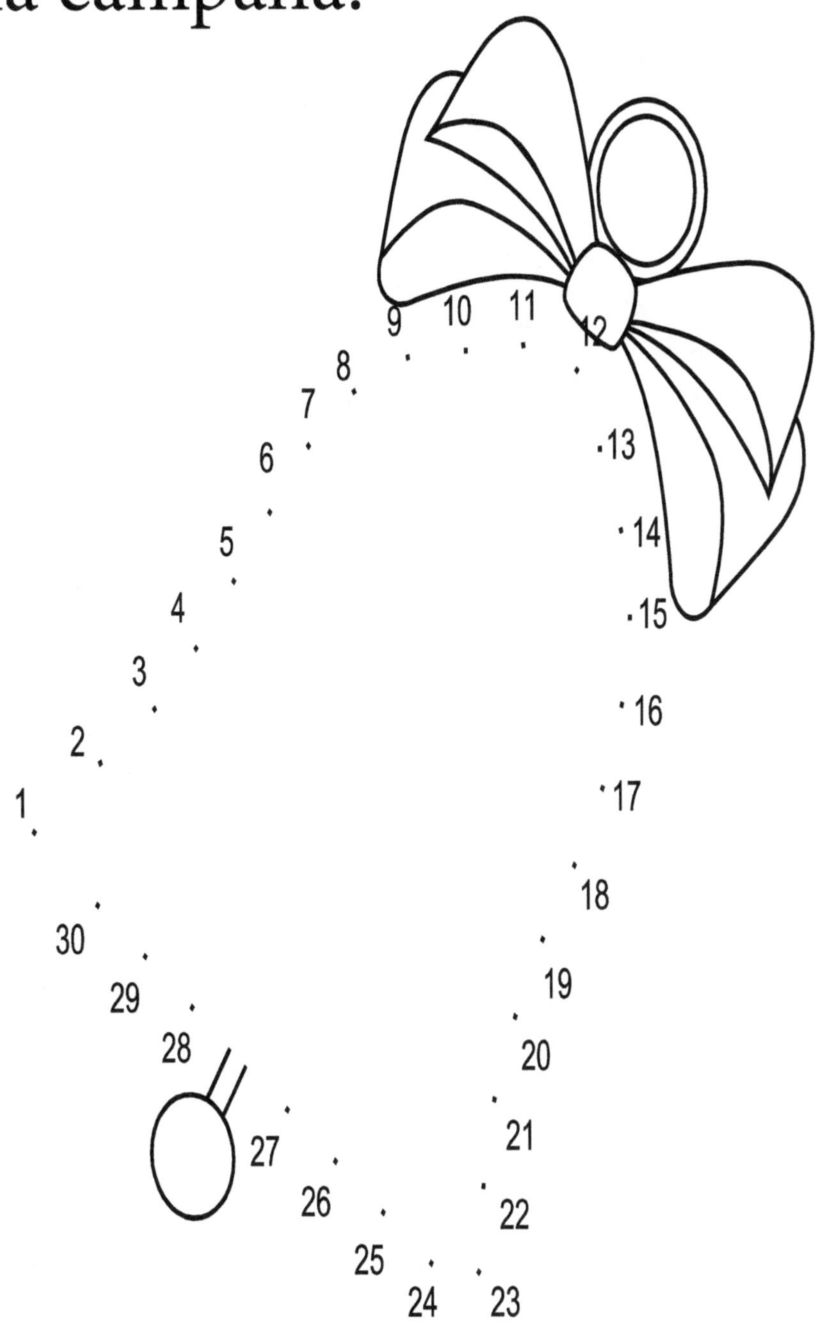

21 de diciembre

Chimenea y medias

22 de diciembre

Vela de navidad

23 de diciembre

Use la cuadrícula para dibujar el regalo.

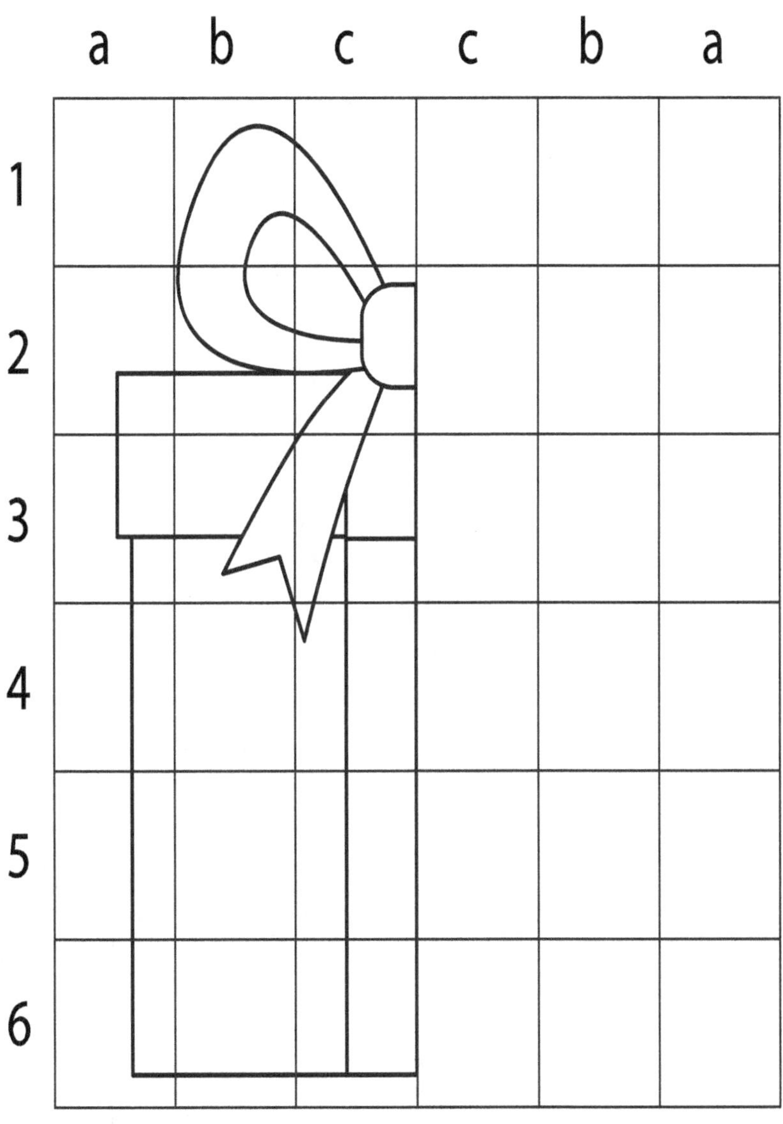

24 de diciembre

Ángeles rezando por Bebe Jesus.

25 de diciembre

Decora el pastel de Navidad!

Felíz Navidad

De,

____

florabellapublishing.com